초등학생이 좋아하는 글쓰기 소재 365

초등학생이 좋아하는 글쓰기 소재 365

ⓒ민상기

펴낸 날 2014년 7월 8일　초판 1쇄
　　　　　2024년 3월 25일 개정 3판 4쇄
지은이 민상기
펴낸이 민승원
펴낸곳 ㈜연지출판사
신고번호 제2016-000010호
신고일자 2015년 1월 2일
주소 61173 광주광역시 북구 우치로 178 (용봉동)
전자우편 younjibook@gmail.com
대표전화 070-7760-7982
팩스 0303-3444-7982
홈페이지 https://y.jbookstore.com/published

ISBN 979-11-86755-39-6 (73800)
값 12,000원

*이 책 내용의 전부 또는 일부를 재사용하려면 반드시 저작권자와 연지출판사 양측의 동의를 받아야 합니다.
*잘못된 책은 바꾸어 드립니다.
*지은이와 협의에 의해 인지는 생략합니다.

이 책은 세상에 단 한 권 밖에 없는
_____의 글쓰기 책입니다.

이 책을 사용하는 방법

1. 이 책은 글쓰기 지도를 고민하던
   어느 초등학교 선생님이 만들었습니다.

2. 이 책을 보는 데는 정해진 순서가 없습니다.
   그날 쓰고 싶은 글쓰기 소재를 골라 쓰면 됩니다.

3. 글쓰기 소재는 하나의 예시입니다.
   내가 원하는 소재로 바꾸어 써도 괜찮습니다.

4. 글을 쓰는 방법은 완전히 자유입니다.
   분량은 상관없으나 가급적 자신의 생각을 다양하게 펼쳐보세요.

5. 언제든지 책을 가지고 다니면서 글을 써보세요.
   세상에 단 한 권밖에 없는 나만의 책이 완성될 것입니다.

초등학생이 좋아하는 글쓰기 소재
001 - 365

☐ 001 순도 99.99%의 순금 똥을 쌌다.

☐ 002 운동장에서 석유를 발견했다.

☐ 003 거울과 가위바위보를 해서 이길 수 있는 방법

☐ 004 바닷물을 달콤하게 해달라고 신을 설득하는 편지를 써라.

☐ 005 세상에서 가장 더러운 시를 써라.

☐ 006 '꾸꺄더쭈뀨벵, 뽀바몽구스무릉' 처럼
　　　 세상에 존재하지 않는 단어를 10가지 만들어라.
　　　 그리고 그 단어의 의미를 정해라.

☐ 007 최고의 민폐

☐ 008 내 의자는 밤에 무슨 생각을 할까?

☐ 009 내 인생 최고의 친구

☐ 010 팥빙수를 먹는데 다이아몬드가 나왔다.

☐ 011 물속에서 숨을 쉴 수 있다면

☐ 012 우리 반에 60살 할머니가 전학을 왔다.

☐ 013 입을 벌릴 때마다 입에서 나방이 나온다.

☐ 014 학교에서 친구들에게 들키지 않고 똥을 싸는 방법

☐ 015 내 인생 최고의 사치

☐ 016 끔찍하게 아팠던 경험

☐ 017　학교에서 배우지 않아서 아쉬운 것

☐ 018　엄마에게 서운했던 일

☐ 019 신이 나에게 준 가장 큰 선물

☐ 020 산타가 된다면 누구에게 선물을 주고 싶은가?

□ 021　30초간 물을 입에 머금어라.
　　　　그리고 그 느낌을 생생하게 표현해라.

□ 022　태양이 사라진 지구의 모습

☐ 023 살기 위해 먹는가, 먹기 위해 사는가?

☐ 024 10억원이 생긴다면 죄를 짓고
        1년 정도 감옥에 가도 괜찮은가?

☐ 025 기분 좋은 꿈

☐ 026 모기에게 협박 편지를 써라.

☐ 027   모범생이 갖춰야 할 특이한 조건 5가지

☐ 028   엄마가 좋아하시는 선물

☐ 029 세상이 온통 흑백으로 보인다.

☐ 030 내가 해보고 싶은 아르바이트

☐ 031　유치원 때 내가 좋아했던 그 아이

☐ 032　내가 키우고 싶은 동물 그리고 그 동물과 함께 살 때 생길 일

☐ 033 앞으로 꼭 발명되어야 하는 발명품

☐ 034 태어나자마자 말을 하는 아기

☐ 035 시장에서 고등어를 사와서 요리를 하려던 참에
　　　　고등어가 '살려줘!' 라고 소리친다.

☐ 036 전교 꼴등으로 입학해서
　　　　전교 1등으로 졸업하는 학생의 졸업식 연설문

☐ 037 내 인생 최초의 거짓말

☐ 038 합법적으로 복도에서 뛰어다닐 수 있는 방법

☐ 039   실내화로 할 수 있는 놀이 설명서

☐ 040   초등학교에 7학년이 생긴다면

☐ 041 자고 일어나니 남자(여자)가 되었다.

☐ 042 다섯 쌍둥이를 낳았다. 이름을 지어라.

☐ 043 아빠가 좋아하시는 선물

☐ 044 독재자가 되면 할 수 있는 일

☐ 045 우리 반을 배경으로 아주 웃긴 이야기를 지어라.

☐ 046 이 세상에 나만 남았다.

☐ 047 인류 역사상 가장 위대한 발명품

☐ 048 여름을 시원하게 보낼 수 있는 방법

☐ 049　수업 시간에 짜장면을 먹을 수 있는 방법

☐ 050　내 인생에서 가장 나쁜 짓

☐ 051 학교가 없어진다면

☐ 052 지금 비행기를 탈 수 있다면

☐ 053 세상에서 가장 아름다운 말

☐ 054 남탕에는 있지만 여탕에는 없는 것

☐ 055 선생님에게 듣고 싶은 말

☐ 056 나를 눈물 나게 하는 것

☐ 057 나를 힘들게 하는 것

☐ 058 선생님께서 좋아하시는 거짓말

□ 059　평범한 하루를 묘사하는 일기를 써라.

□ 060　5분간 눈을 감고 움직이지 마라.
　　　　그리고 무슨 생각이 들었는지 솔직하게 써라.

☐ 061 얼마 전 내가 먹었던 치킨(닭)의 삶

☐ 062 명절에 부모님은행에 맡긴 내 돈을 되찾을 수 있는 묘책

☐ 063 현관문을 여니 기자들이 모여 있다.

☐ 064 내 인생에서 가장 수치스러웠던 일

☐ 065 여기가 천국이다.

☐ 066 냉동인간이 되어 500년 후에 깨어났다.

☐ 067 내가 좋아하는 노래 가사

☐ 068 사형 집행까지 1분 남았다.

☐ 069　내 아버지의 아버지, 그 아버지의 아버지,
　　　　또 그 아버지의 아버지는 어떤 사람이었을까?

☐ 070　우주여행을 갈 때 가져갈 물건 3가지

☐ 071 엄마 배 속에 있었을 때의 추억

☐ 072 나에게 1,000만 원이 생긴다면

☐ 073 내가 얻고 싶은 초능력

☐ 074 눈을 떠보니 5살이다.

☐ 075 학교에 갈 때 꼭 가방을 가지고 가야할까?

☐ 076 나라를 사랑하는 마음을 담아 애국가 가사를 만들어보자.

☐ 077　부모님을 도와 설거지를 하다가 그릇을 깼을 때
　　　　예상되는 반응

☐ 078　부러진 연필로 할 수 있는 일

☐ 079 아무도 없는 교실에서 우연히 내일 볼 단원평가
		답안지를 보았다. 어떻게 할 것인가?

☐ 080 나는 이럴 때 소소한 행복을 느낀다.

☐ 081　자고 일어나니 돼지가 되었다.

☐ 082　학교에서 선생님에게 혼나지 않을 만큼의 장난

☐ 083 내가 생각하는 적당한 용돈

☐ 084 아주 사소한 것이라도 좋다. 나의 장점 10가지를 써라.

☐ 085 초등학생이 화장을 해도 되는가?

☐ 086 눈을 떠 보니 수영복을 입은 채로 학교 과학실에 있다.
　　　　무슨 일이 일어난 걸까?

☐ 087 1가지 과목을 없앨 수 있다면 무슨 과목을 없애겠는가?

☐ 088 유치원과 학교의 다른 점

☐ 089 시간을 멈추는 기계를 발견했다.

☐ 090 가장 최근에 바지에 오줌이나 똥을 쌌던 때

☐ 091　날고 있는 비행기를 지금 당장 착륙시킬 수 있는 방법

☐ 092　지금 당장 하고 싶은 일

☐ 093 갑자기 소리가 들리지 않는다.

☐ 094 선생님께서 자주 하시는 거짓말 Best 3

□ 095 '이번 소풍은 (   )로 가야한다고 생각합니다.' 로
시작하는 교장선생님께 보내는 편지를 써라.

□ 096 우리 반에서 가장 인기 있는 친구를 묘사해라.
(단, 이름을 쓰면 안 된다.)

☐ 097 쉬는 시간을 가장 재미있게 보내는 방법

☐ 098 최초로 버스를 탄 기억

☐ 099   나를 좋아하는 사람들

☐ 100   그 누구도 읽을 수 없는 글을 써라.

☐ 101 내가 좋아하는 사람들

☐ 102 똥을 쌌는데 휴지가 없다.

☐ 103 집 앞에서 외계인을 만났다.

☐ 104 친구를 웃게 만들 재미있는 이야기를 지어라.

☐ 105 내 신발에게 심심한 위로의 편지를 써라.

☐ 106 발명되지 않았어야 하는 발명품

☐ 107 최첨단 유모차

☐ 108 나의 단점 1가지를 써라.
　　　　그리고 그 단점의 좋은 점을 찾아라.

☐ 109 교실에 매점이 있다면

☐ 110 CCTV가 설치된 교실의 모습

☐ 111 내가 가지고 있는 물건 중 가장 비싼 물건을 묘사해라.

☐ 112 나만 하루가 25시간이라면 1시간을 어디에 사용할 것인가?

☐ 113 남들이 알면 안 되는 비밀

☐ 114 내일 지구가 멸망한다면

□ 115 초등학교 1학년에게 해주고 싶은 최고의 조언

□ 116 구름은 무슨 맛일까?

☐ 117 담배를 발명한 사람에게 증오의 편지를 써라.

☐ 118 돈 주고 사기 아까운 것

- [ ] 119 착한 거짓말

- [ ] 120 이해할 수 없는 어른들의 말이나 행동

□ 121 참을 수 없이 오글거리는 애정 멘트를 써라.
　　이를테면 '다이어트 하지 마.
　　1g이라도 네가 사라지는 건 싫어.' 따위

☐ 122 내 인생 최초의 도둑질

☐ 123 운동장 대신 아이스링크장이 생긴다면

☐ 124 아빠가 범블비를 가지고 오셨다.
(범블비: 영화 트랜스포머에 나오는 자동차 로봇)

☐ 125 지금까지 살면서 가장 부자였을 때

☐ 126 무엇이든지 좋다. 이루고 싶은 3가지 소원을 써라.

☐ 127 새우깡 봉지를 뜯었는데

☐ 128 달콤한 빗물

☐ 129 신문 1면에 웃는 내 사진이 실렸다.
이 사진에 어울리는 뉴스 기사를 써라.

☐ 130　다른 사람에게 오해받았던 적

☐ 131　길거리에서 담배를 피우는 사람들을 향한 경고 편지

☐ 132 이 음식만큼은 포기할 수 없다.

☐ 133 세상에 남자(여자)가 나 혼자라면

☐ 134 달에서 돈을 벌 수 있는 방법

☐ 135 30초 안에 눈물을 흘리려면 어떤 생각을 하면 될까?

☐ 136　타임머신을 단 1번 이용할 수 있다.
　　　　과거로 갈까? 미래로 갈까?

☐ 137　수학여행 가는 날 아침,
　　　　7시까지 학교에 가야 하는데 8시 30분에 일어났다.

☐ 138　내 인생 최초의 싸움

☐ 139　1학년 수준으로 일기를 써라.

☐ 140　어른이 된다면 해보고 싶은 것

☐ 141　친구에게 미안했던 일

☐ 142 성공이란?

☐ 143 수업 시간에 방귀를 뀌었을 때
　　　　자연스럽게 넘어갈 수 있는 방법

☐ 144 동생이 있으면 좋은 점

☐ 145 조선시대에 스마트폰이 발명되었다면

☐ 146 선생님들께서 겪으시는 어려움

☐ 147 비행기 창문을 밀었는데 창문이 열렸다.
　　　(원래 비행기는 창문이 열리지 않는다.)

☐ 148 남들이 들으면 눈물 나는 나만의 안타까운 이야기

☐ 149 내 그림자는 하루 종일 무슨 생각을 할까?

☐ 150 시험지 답을 고민하다가 마지막에 고쳐서 틀린 경험

☐ 151 지우고 싶은 나의 과거

☐ 152 혼자 끝말잇기를 해라. 최소 50단어가 나와야 한다.

☐ 153 신문지로 할 수 있는 일을 최대한 많이 찾아라.

☐ 154 1교시가 시작되었다. 그런데 바지에 오줌을 쌌다.

☐ 155 갑자기 중국어를 유창하게 할 수 있게 되었다.

☐ 156 세상에서 가장 유쾌한 유언장을 써라.

☐ 157 솔직히 만 원권 지폐에는 세종대왕보다…

☐ 158 순간 이동이 가능하다면 가고 싶은 곳

☐ 159 날개가 있으면 편한 점과 불편한 점

☐ 160 지금까지 살면서 가장 가난했을 때

☐ 161 기분 나쁜 꿈

☐ 162 내 어머니

☐ 163 여기가 지옥이다.

☐ 164 아무도 없는 길거리에서 100만 원이 든 가방을 주웠다.

☐ 165 내 어머니의 어머니, 그 어머니의 어머니,
　　　 또 그 어머니의 어머니는 어떤 사람이었을까?

☐ 166 책상에 하고 싶은 낙서를 여기에 해라.

☐ 167 내가 생활하는 모든 모습이 TV를 통해 전 세계로 생중계되고 있다는 사실을 알게 되었다.

☐ 168 산타의 진실을 언제, 어떻게 알게 되었나?

☐ 169 가장 기뻤을 때

☐ 170 버킷리스트를 작성해라.
       (버킷리스트 : 죽기 전에 꼭 해야 할 일이나
       달성하고 싶은 목표 리스트)

☐ 171 우리 반에 불필요한 것

□ 172　지상 100m에서 번지점프를 했다.
30m쯤 내려왔을 때 로프를 몸에 묶지 않고
뛰어내렸다는 사실을 깨달았다.

☐ 173 평생 매월 500만원씩 받는 대신
직업을 못 갖게 된다면 허락할 것인가?

☐ 174 절대 '네'라고 대답할 수 없는 질문을 10가지 만들어라.

☐ 175　죽음의 문턱에서 저승사자가 당신을 데리러 왔다.
　　　　저승사자를 따돌릴 구체적인 계획을 세워라.

☐ 176　20년 뒤에 선생님을 다시 만났다.

☐ 177　우리 선생님은 학교생활기록부에 나에 대해서
　　　　뮤라고 적으실까?

☐ 178　다른 사람을 오해했던 적

☐ 179 최초로 무지개를 본 기억

☐ 180 남들에게 '너 정말 게으르다.'라는 말을 듣기 위한 방법

☐ 181 갑자기 일본어를 유창하게 할 수 있게 되었다.

☐ 182 맑은 날 우산으로 할 수 있는 일

☐ 183 대한민국에 아직 양반, 중인, 상민, 천민의
       신분 제도가 남아있다면

☐ 184 친일파에게 보내는 분노의 편지

☐ 185 추락하는 비행기에서 단 1건의 문자 메시지를
　　　　보낼 수 있다면

☐ 186 손으로 만지기 싫은 것

☐ 187 누구나 공감할 수 있는 이야기.
　　　 이를테면 '우리 아빠는 항상 뉴스만 본다.' 따위

☐ 188 영화관에서 할 수 있는 가장 매너 없는 행동

☐ 189 무인자동차가 실용화된다면 자동차에서 할 수 있는 일

☐ 190 미래에 우산을 대체할 발명품

☐ 191 코끼리를 냉장고에 넣는 방법

☐ 192 달팽이가 느리게 기어가는 이유

☐ 193 방귀를 뀌었는데 우주로 튕겨져나갔다.

☐ 194 핵폭탄 개발에 성공했다.

☐ 195 돈으로 살 수 없는 것

☐ 196 태양에게 보내는 감사 편지

☐ 197 모기약을 맞고 죽어가는 모기의 심정

☐ 198 내가 좋아하는 과자

☐ 199 중국집에서 1,000원으로 짜장면을 사먹는 방법

☐ 200 내가 원하는 급식 식단표

☐ 201 겨울을 따뜻하게 보낼 수 있는 방법

☐ 202 끝말잇기에서 무조건 이길 수 있는 단어 10가지 찾기

☐ 203 '사랑'이라는 단어가 들어가는 노래 가사를 적어라.
　　　　단, '사랑'을 '방귀'로 바꿔서 써라.

☐ 204 우리 반에 필요한 것

☐ 205 최고의 생일 선물

☐ 206 가장 마음에 들지 않는 친구를 떠올려라.
그리고 그 친구의 장점을 10가지 찾아라.
(단, 이름은 적으면 안 된다.)

□ 207 이거 사주세요.

□ 208 신이 나에게 와서 잠시 신 역할을 대신해달라고 한다.

☐ 209 다음 생애에 과일로 태어난다면
　　　　무슨 과일로 태어나고 싶은가?

☐ 210 불치병에 걸려 3개월 후에 죽는다는 사실을 알게 된다면

☐ 211 엄마가 나를 돌보느라 포기한 것들

☐ 212 칼로는 할 수 있지만 가위로는 할 수 없는 일

☐ 213 '자고 일어나니 유명해졌어요.'로 시작하는
 인터뷰를 써라.

☐ 214 '신데렐라는 백마 탄 왕자님을 만나 행복하게
 살았답니다.' 그 뒤에 일어날 일을 동화로 써라.

☐ 215 친구에게 고마웠던 일

☐ 216 아주 정성스럽게 내 얼굴을 그려라.
그리고 그 밑에 사인을 하고 오늘 날짜를 써라.
이 작품은 20년 뒤 백억 원에 팔릴 것이다.

☐ 217 피아노, 기타, 리코더를 연주하는 새로운 방법

☐ 218 최근에 있었던 일 중에서 아주 사소한 것이라도 반성하라.

☐ 219 친구가 갑자기 나를 보고 "도망가!"라고 소리친다.

☐ 220 최고의 선생님이란?

☐ 221 중력이 사라진 지구의 모습

☐ 222 모두 전학을 가고 우리 반에 나만 남았다.

☐ 223 고속도로 휴게소를 처음 이용하는 동생을 위한 설명서

☐ 224 내가 기억하는 가장 어렸을 때의 기억

☐ 225 엄청나게 큰 걸어 다니는 물고기들이 지구를 정복했다.

☐ 226 죽지 않고 영원히 살 수 있다면 죽음을 선택할 것인가, 영원한 삶을 선택할 것인가?

☐ 227 안경을 쓰면 좋은 점과 나쁜 점

☐ 228 80살에 초등학생 때를 회상하는 글을 써라.
　　　 그땐 그랬지...

☐ 229 뉴스 속보: 12시간 후 남북통일 합의

☐ 230 만약

☐ 231 내가 대통령이 된다면 가장 먼저 시행할 정책

☐ 232 다 빌려줄 수 있지만 이것만큼은 빌려줄 수 없다.

☐ 233 무조건 일어날 수밖에 없는 알람시계를 발명해보자.

☐ 234 학교에 왔는데 우리 반이 사라졌다.
　　　무슨 일이 일어난 걸까?

☐ 235 그때 그랬어야만 했다.

☐ 236 흉학한 범죄자들은 교화시켜야 할까, 아니면 사형시켜야할까?

☐ 237 급식을 남기는 나만의 노하우

☐ 238 친구와 싸웠을 때 화해하는 방법

☐ 239 솔직히 이건 내가 잘못했다.

☐ 240 세상에서 가장 한심한 일

☐ 241 수업 시간에 내가 자주 하는 생각

☐ 242 놀이공원을 처음 이용하는 동생을 위한 설명서

☐ 243 수도꼭지를 틀었는데 초코우유가 나온다.

☐ 244 어제, 오늘, 내일

☐ 245 치료가 아닌 예뻐지기 위해 성형수술을 하는 것에 대해서 어떻게 생각하는가?

☐ 246 대한민국에서 초등학생으로 산다는 것

☐ 247 무단횡단을 해도 되는 경우

☐ 248 내가 배신당한 경험

□ 249 부자가 되기 위한 구체적인 조건

□ 250 우리 반에서 병아리를 키웠을 때 생길 수 있는 일

☐ 251　당신은 홈쇼핑 쇼호스트다. 오늘 팔 물건은 '분필'이다. 사람들이 '분필'을 사고 싶게 만들어라.

☐ 252　인간의 본성은 착한가? 나쁜가?

☐ 253 시간의 소중함을 알려주는 명언을 써라. 단, 자기 생각을 써라.

☐ 254 내 아버지

☐ 255 엄마가 좋아? 아빠가 좋아?

☐ 256 여름방학이 120일이라면

☐ 257 1가지 과목을 만들 수 있다면 무슨 과목을 만들겠는가?

☐ 258 내 인생에서 가장 착한 일

□ 259 나는 객관적으로 100점 만점에 몇 점짜리 학생인가?

□ 260 수업시간에 핸드폰 벨소리가 울릴 때 자연스럽게 넘어갈 수 있는 방법

☐ 261 선생님에게 바라는 것 3가지

☐ 262 엄마나 아빠는 하지 않으면서 나에게는 시키는 것

☐ 263 지금 먹고 싶은 음식, 그리고 지금 그 음식을 먹을 수 있는 방법

☐ 264 절대 '아니오.'라고 대답할 수 없는 질문을 10가지 만들어라.

☐ 265　만수르가 나에게 전 재산을 주었다.
　　　　(만수르: 세계적인 갑부, 재산 약 1,000조 원 추정)

☐ 266　최악의 생일 선물

☐ 267 학교에서 배워서 다행인 것

☐ 268 세상의 모든 물이 콜라로 변한다면

☐ 269　뉴스 속보: 12시간 뒤 소행성과 충돌

☐ 270　초등학생이 좋아할 만한 글쓰기 소재 10가지를 써라.
　　　단, 이 책에 있는 소재는 안된다.

□ 271　당신은 한석봉이다. 어머니가 호롱불을 끄며 이렇게 말한다. "나는 떡을 썰 테니 너는 글을 쓰거라." 잠시 뒤 호롱불이 켜졌다. 당신은 글씨를 굉장히 잘 썼는데 어머니는 떡을 엉망으로 썰었다. 그 뒷이야기를 써라.

☐ 272 난 이것만큼은 국가대표가 될 수 있다.

☐ 273 30년 뒤 내 자식들에게 보내는 편지

☐ 274 내 생애 가장 자랑스러웠던 일

☐ 275 겨울방학이 120일이라면?

☐ 276 이름으로 삼행시를 지어라.

☐ 277 3살 꼬마에게 '학교'를 설명하라.

☐ 278　1945년 8월 15일, 일본으로부터 해방되지 않았다면

☐ 279　와이파이와 데이터 통신이 끊어진 스마트폰으로 할 수 있는 가치 있는 일

☐ 280　엄마가 보고 싶은 순간

☐ 281　학교 가는 길에 볼 수 있는 것

☐ 282 학교 선생님과 학원 선생님의 차이

☐ 283 이제는 말할 수 있다.

□ 284 여름인데 눈이 온다.

□ 285 환경오염이 심각해져서 공기를 사서 마셔야 하는
　　　　시대의 모습을 묘사하라.

□ 286 10, 9, 8, 7, 6, 5, 4, 3, 2 …

□ 287 내 무덤 앞에 세워질 묘비명을 지어라.

☐ 288 부모님의 잔소리 Best 3

☐ 289 아빠가 나를 돌보느라 포기한 것들

☐ 290 솔직히 우리 반에 나 같은 학생이 1명 더 있으면

☐ 291 초등학생이 입을 수 있는 최첨단 교복을 만들어보자.

□ 292 '일찍 일어난 새가 벌레는 잡는다.
→ 늦게 일어난 벌레가 새에게 잡아먹히지 않는다.' 처럼
속담 5개를 바꿔보자.

□ 293 라면을 맛있게 먹는 방법

☐ 294 안전한 학교생활을 하기 위해서 꼭 지켜야 할 것들

☐ 295 개학 하루 전날의 모습

☐ 296 세상에서 가장 가치 있는 일

☐ 297 다른 사람에게 정말 추천하는 책

☐ 298　아빠에게 서운했던 일

☐ 299　내가 배신한 경험

□ 300 지구 말고 생명체가 살고 있는 행성의 모습을 묘사해라.

□ 301 "뭐 이런 학교가 다 있어?"라는 말이 나올 것 같은 학교의 모습을 묘사해라.

☐ 302　당신은 억울하게 감옥에 갇혀있다.
　　　　구체적인 탈옥 계획을 세워라.

☐ 303　'가, 나, 다, 라 …'로 시작하는 14행시를 지어라.

□ 304 가장 슬펐을 때

□ 305 '달에 갔더니…'로 시작하는 이야기를 써라.

☐ 306 꿈을 찍는 사진기가 있다.
　　　내일 아침 일어나서 어떤 사진을 보고 싶은가?

☐ 307 다음 생애에 동물로 태어난다면 무슨 동물로 태어나고 싶은가?

☐ 308 우리 엄마의 요리 솜씨를 평가해라.

☐ 309 숟가락으로는 할 수 있지만 젓가락으로는 할 수 없는 일

☐ 310 지금은 별거 아니지만 어렸을 때는 정말 무서웠던 것

☐ 311 일주일 안에 3kg을 감량하기 위한 구체적인 계획을 세워라.

□ 312　인류가 멸망하고 당신만 살아남았다. 외계인에게 전달 할
　　　 '행성 멸망 속에서 살아남는 법'이라는 글을 써라.

□ 313　첫 월급을 탔을 때 부모님께 드릴 선물을 미리 골라라.

☐ 314 선생님에게 추천해주고 싶은 문구점 과자

☐ 315 내가 공부를 하는 이유

□ 316 애를 낳았는데 한 달 동안 밤에 잠을 안 자고
두 시간마다 깨서 시끄럽게 울기만 한다. 어떤 심정일까?
참고로 네가 그랬다.

□ 317 여름 vs 겨울

- [ ] 318 운동장에서 공룡 뼈를 발견했다.

- [ ] 319 20년 뒤 내 배우자에게 보내는 편지

☐ 320 내 아들의 아들, 그 아들의 아들, 또 그 아들의 아들은 어떤 사람일까?

☐ 321 소금, 버스, 고양이가 들어가게 이야기를 써라.

☐ 322 북극에서 에어컨을 팔 수 있는 방법

☐ 323 내 생애 최고의 순간

☐ 324 이 세상에서 사라져야 할 것

☐ 325 아무도 없는 엘리베이터에서 아주 독한 방귀를 뀌었다. 갑자기 문이 열리고 내가 좋아하는 그 아이가 들어온다.

□ 326 초등학교라는 말이 들어가지 않게 우리학교에
　　　 어울리는 이름을 지어라.
　　　 이를테면 '울트라 슈퍼 짱짱 밥그릇' 따위

□ 327 선생님을 생각하면 떠오르는 단어 3가지와 그 이유

☐ 328 내 인생에서 가장 화가 났던 일

☐ 329 내가 사는 이유

☐ 330 봄 vs 가을

☐ 331 부모님이 나를 보고 느끼는 감정

☐ 332 5분 동안 거울 앞에서 내 모습을 자세히 관찰해라.
　　　 그 후, 나의 모습을 자세히 묘사해라.

☐ 333 내 딸의 딸, 그 딸의 딸, 또 그 딸의 딸은 어떤 사람일까?

☐ 334 삶이 아름다운 이유

☐ 335 절대 지킬 수 없는 생활계획표 만들기

☐ 336 나는 노벨문학상을 받은 시인이다. 시를 한 편 써라.

☐ 337 우선 지금 시각을 써라.
그다음 1시간 뒤에 내가 무엇을 하고 있을지 써라.
그리고 글을 쓰고 1시간 지난 후
실제로 무엇을 하고 있는지 써라.
두 개의 글을 비교해보자.

☐ 338 빨래를 제외하고 세탁기로 할 수 있는 유용한 일

☐ 339 3일 만에 사막에서 오아시스를 찾았다.

☐ 340　1, 2, 3, 4, 5, 6, 7, 8, 9, 10으로 숫자송 가사 쓰기

☐ 341　바퀴벌레와 친구가 되는 방법

☐ 342　지구는 언제, 왜 멸망할까?

☐ 343　내 생애 최악의 순간

□ 344 그럴 듯한 세로이야기를 써라. ('정'부터 첫 글자만 세로로 읽어라.)
정말 나한테 이럴 수 있어? 내가
말할 때마다 내 말 무시하고
사람가지고 장난해? 너
랑 친구라는 게 창피하다.
해도 해도 너무해.

☐ 345 내가 원하는 시간표

☐ 346 어른들은 왜 커피를 마실까?

☐ 347 일본이 독도를 포기하게 만드는 방법

☐ 348 군고구마를 맛있게 먹는 방법

☐ 349 친구들이 나를 칭찬한다면 뭐라고 칭찬할까?

☐ 350 부모님에게 "사랑해요."라고 말해라.
그리고 부모님의 반응을 써라.

☐ 351　뼈있는 치킨 vs 순살 치킨

☐ 352　60살 생일에 받고 싶은 선물

☐ 353　10만 원을 100만 원으로 불릴 수 있는 방법

☐ 354　학교폭력을 완전히 없앨 수 있는 방법

☐ 355 10년 뒤의 나의 모습

☐ 356 자고 일어나니 아이돌 가수가 되었다.

☐ 357 내가 학교를 좋아하는 이유

☐ 358 갑자기 세상의 모든 시계가 사라졌다.

□ 359 하고 싶은 일을 하면서 사는 게 좋을까,
       아니면 돈을 많이 버는 게 좋을까?

□ 360 내 인생 최초의 컵라면

- ☐ 361 정의란 무엇인가?

- ☐ 362 아프리카에서 난로를 팔 수 있는 방법

☐ 363 학교 종소리로 울리면 좋을 소리

☐ 364 선생님께서는 하지 않으시면서 나에게 시키시는 것

☐ 365　내가 선생님을 좋아하는 이유 11가지

☐